Cuadrados

Teddy Borth

Abdo
¡FORMAS DIVERTIDAS!
Kids

abdopublishing.com

Published by Abdo Kids, a division of ABDO, PO Box 398166, Minneapolis, Minnesota 55439.
Copyright © 2017 by Abdo Consulting Group, Inc. International copyrights reserved in all countries.
No part of this book may be reproduced in any form without written permission from the publisher.

Printed in the United States of America, North Mankato, Minnesota.

102016

012017

Spanish Translator: Maria Puchol

Photo Credits: iStock, Shutterstock

Production Contributors: Teddy Borth, Jennie Forsberg, Grace Hansen

Design Contributors: Candice Keimig, Dorothy Toth

Publisher's Cataloging-in-Publication Data

Names: Borth, Teddy, author.

Title: Cuadrados / by Teddy Borth.

Other titles: Squares. Spanish

Description: Minneapolis, MN : Abdo Kids, 2017. | Series: ¡Formas divertidas! |
    Includes bibliographical references and index.

Identifiers: LCCN 2016947319 | ISBN 9781624026195 (lib. bdg.) |
    ISBN 9781624028434 (ebook)

Subjects: LCSH: Squares--Juvenile literature. | Geometry--Juvenile literature. |
    Shapes--Juvenile literature. | Spanish language materials--Juvenile literature.

Classification: DDC 516/.154--dc23

LC record available at http://lccn.loc.gov/2016947319

Contenido

Cuadrados

Un cuadrado tiene 4 lados.
Todos los lados son del
mismo tamaño.

1

2

3

4

5

¡Hay cuadrados por todas partes!

Vemos cuadrados en las señales de tráfico. Nos dicen qué hacer.

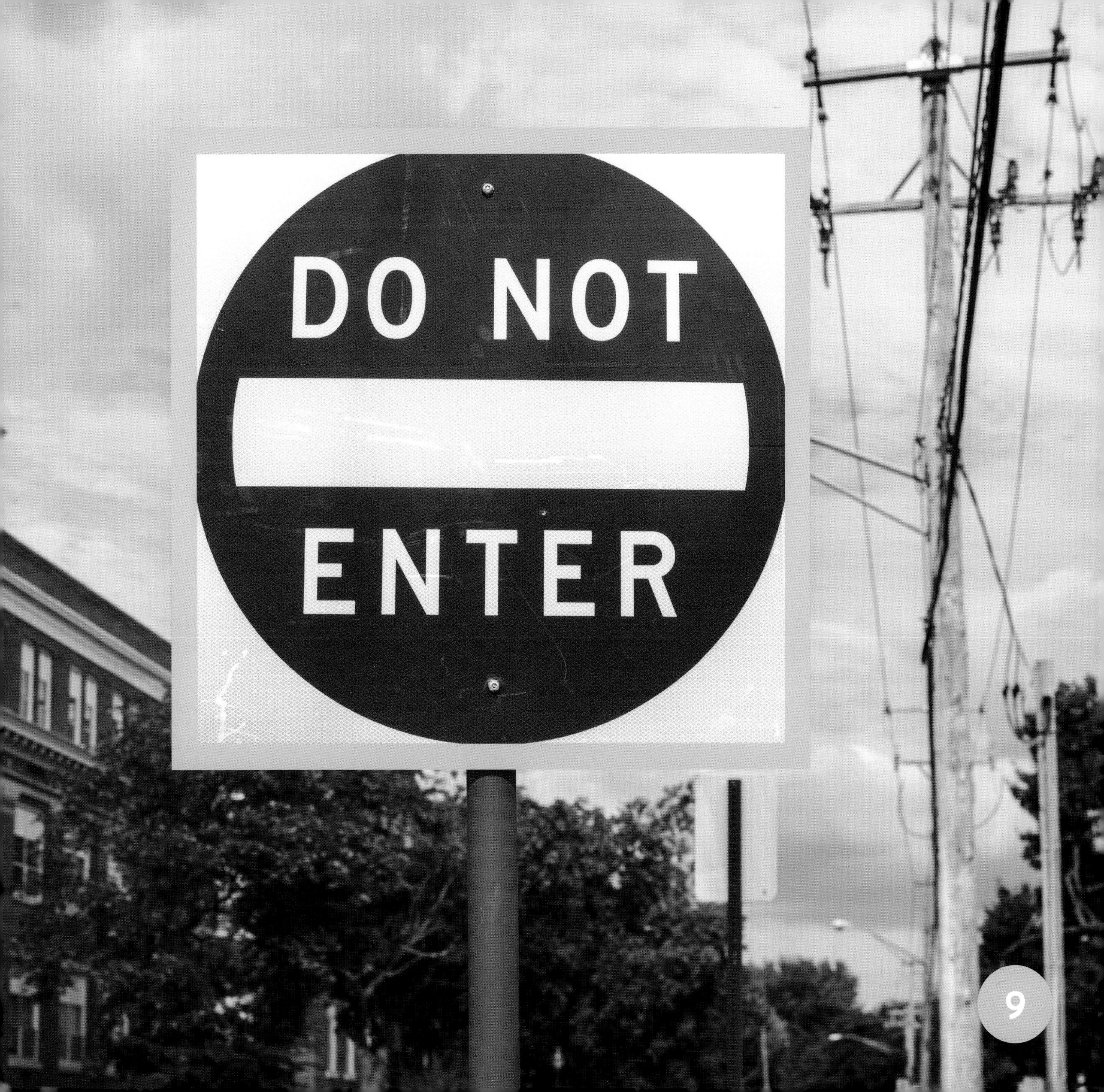
DO NOT
ENTER

Vemos cuadrados en el suelo. Las baldosas encajan perfectamente.

11

Hay cuadrados en los gofres.

¡Hannah se los come!

Vemos cuadrados en la ropa.

Joe tiene puesta una camisa

a cuadros.

Los cuadrados forman

imágenes en las pantallas.

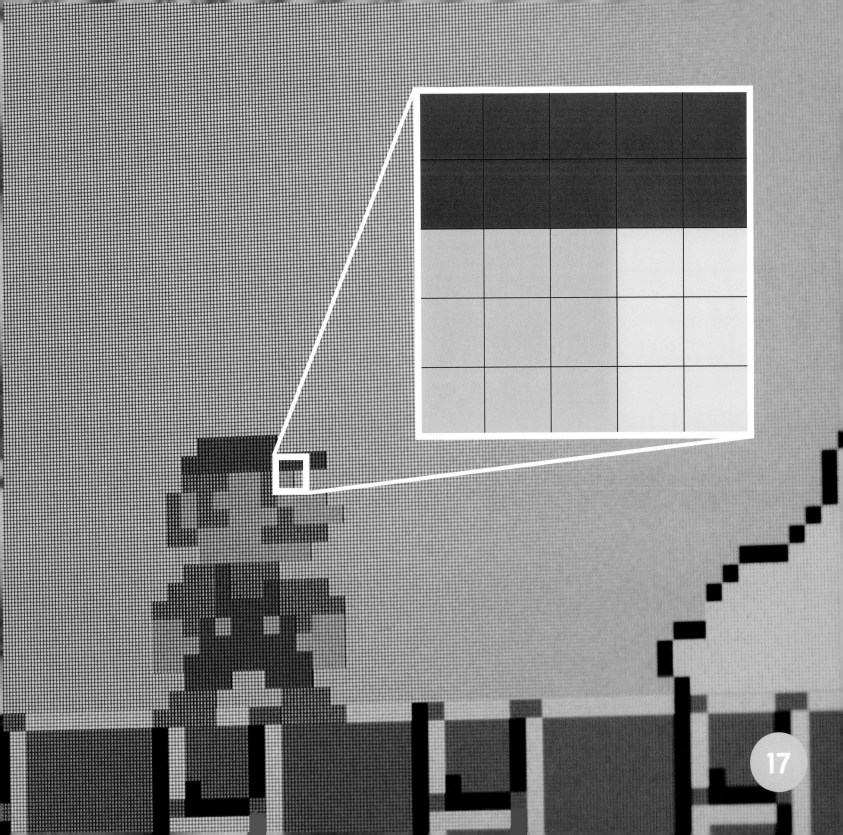

Hay cuadrados en los juegos.
Nos muestran hacia dónde
mover las piezas.

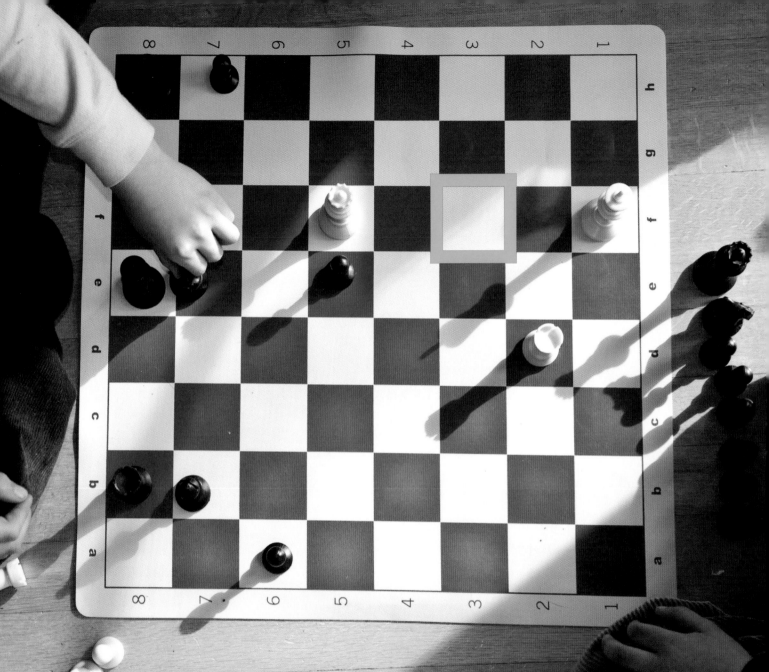

¡Mira a tu alrededor! Seguro que verás algún cuadrado.

¡Cuenta los cuadrados!

Glosario

a cuadros
que tiene un diseño hecho de cuadrados.

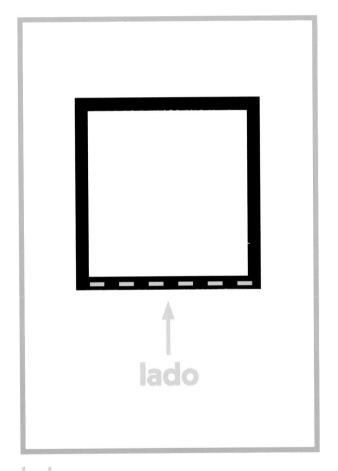

lado
línea que forma el borde de un objeto.

Índice

abdokids.com

¡Usa este código para entrar en abdokids.com y tener acceso a juegos, arte, videos y mucho más!

Código Abdo Kids:
SSK1460